DE LA
COLONISATION DE L'ALGÉRIE

Par F.-Th. de BOUBÉE.

I.

Moyens préliminaires.

Le but de Rome était tout politique en lançant ses colonies dans les provinces conquises. Son état de guerre permanent lui donnait un besoin continuel d'hommes et d'argent, auquel elle ne pouvait satifaire qu'au moyen des impôts et des recrues fournis par les peuples conquis, devenus bientôt ses alliés. — Notre position, à nous, dans le nord de l'Afrique, est tout agricole, commerciale, civilisatrice; et les éléments que nous emploierons à la colonisation doivent y avoir un rapport essentiel. Nous ne pouvons donc, dans la colonisation de cette contrée, suivre les errements des anciens Romains; on ne supposera pas non plus que nous ayons idée de copier les colonies à esclaves : de l'une et de l'autre façon ce serait méconnaître notre siècle.

L'Algérie, abritée des vents du midi par les chaînes de l'Atlas, est susceptible de fournir les productions de notre sol. — Un temps elle fut le grenier de Rome. —Aujourd'hui, le mûrier et l'olivier, dont la culture y deviendra de jour en jour plus facile, peuvent nous assurer une suprématie, à l'abri de toute concurrence, dans l'exploitation des huiles et des soies. — Les agriculteurs devront, en conséquence, former le premier noyau de votre colonie. — Et comme sa position géographique, entre les 34 et 37º de latitude septentrionale, la rend apte à tous les produits des colonies, depuis le coton jusqu'à l'indigo, on devra aussi y envoyer des hommes spéciaux à ces divers genres de plantations.

Vos travaux agricoles n'auront pas encore atteint tout leur développement, et, déjà, le commerce pourra prendre une importance réelle. Le littoral possède plusieurs villes; et les golfes de Bone, de Stora, de Bougie, offrant des abris commodes à vos navires, deviendront, par la suite, vos principaux entrepôts. Alger, capitale de la province, Oran, Constantine et les autres villes du littoral et de l'intérieur, serviront à l'établissement de foires et de marchés, où, non-seulement votre colonie trouvera l'écoulement de ses produits, mais où, avant peu, les naturels viendront s'approvisionner des produits de votre industrie qui leur manquent, et vous enrichir des productions de l'intérieur de l'Afrique.

L'agriculture et le commerce auront pour prochain résultat de fixer les idées des indigènes. Bientôt, éclairés par la comparaison, ils désireront secouer leur misère et jouir comme vous des douceurs de la vie. Alors, ils seront obligés de mettre de la stabilité dans leurs établissements, de se rapprocher de vous afin de profiter de vos exemples : ils s'habitueront à vos mœurs, et finiront, sinon par perdre absolument leur rudesse, du moins par prendre des habitudes sociales telles qu'ils ne reculeront devant aucun sacrifice pour les conserver; et vous deviendront enfin une sûre avant-garde contre tout agresseur qui pourrait vouloir troubler le repos de la colonie.

Il est des peuples que, sans aucun secours matériel, le catholicisme a tirés de l'état sauvage. Ici, il rencontrerait des difficultés telles qu'il n'en exista jamais; mais que sa patience éprouvée, son insinuante charité lui feraient infailliblement surmonter. Les Africains sont en général mahométans; mais d'un mahométisme mêlé d'idolâtrie et de superstitions, plus fanatiques en raison de la profondeur de leur ignorance. Le premier principe qu'on leur inculque, celui dont ils ne se départent jamais est la haine du nom chrétien. Ce qu'il importe d'abord, c'est de leur faire perdre la funeste prévention qui les arme contre nous; et, pour cela, il faut leur donner la preuve palpable que leur méfiance n'est pas fondée. En ne faisant avec eux que des traités basés sur les lois de l'équité générale, en remplissant religieusement les engagements contractés, nul doute qu'ils ne soient bientôt amenés à juger favorablement de notre bonne foi, à s'y confier, et qu'ils ne finissent par vaincre la répugnance qu'ils éprouvent à se rapprocher de nous. Alors le catholicisme vous viendra en aide: alors, sa douce influence se faisant ressentir, ces esprits farouches s'assoupliront; et, dans peu de temps, la civilisation deviendra florissante en Afrique, ainsi qu'elle le fut du temps des Césars. C'est toujours le même soleil qui la réchauffe, les mêmes peuples revenus à leur caractère primordial qui l'habitent ; le bien-être que leur offraient les Romains n'est pas supérieur à celui dont nous pouvons les faire jouir. Rien, par conséquent, n'empêche que, du concours des mêmes circonstances ne surgissent les mêmes résultats. Tout vous dit, au contraire, que ce pays si brillant de sagesse et de savoir, au temps de la primitive église, subissant la conséquence de nos lumières, ne peut manquer de devenir l'égal de ce qu'il fut jadis.

Quel doit être le résultat de la civilisation de l'Algérie ? L'avenir seul peut nous l'apprendre.—Seulement nous pouvons prévoir d'avance qu'en peu de temps nos intérêts matériels, liés intimement à ceux des indigènes, formeraient entre les deux nations un lien qui deviendrait indissoluble par la communauté de croyances religieuses. — De là, une omnipotence réelle sur le nord de l'Afrique : omnipotence que, par la suite, à l'aide d'une sage politique, d'une administration forte et paternelle, il serait possible d'établir sur tout le continent.

Vous pouvez ce qu'ont pu les Romains ; et vous le pouvez d'autant mieux que, possesseurs au même titre qu'eux, vos moyens de conservation sont plus considérables, n'ayant à veiller que sur une province, tandis qu'ils en avaient un grand nombre à contenir. Votre but n'est pas le leur : ils avaient soif de conquêtes immédiates et successives : votre ambition se borne à recueillir les fruits de votre établissement en procurant aux naturels les avantages précieux de la civilisation et de l'industrie qui en est la suite. Assaillez une troupe de singes en leur jetant des poires , ils fuiront tous , fussent-ils des milliers. Que l'un d'eux, après le combat, s'avise de goûter le nectar renfermé dans votre projectile , vous verrez les fuyards revenir en grande hâte et se disputer à qui aura la plus grosse part. — Ainsi de l'homme : il repousse de prime-abord les améliorations qu'il ne conçoit pas, pour ensuite se saturer de toutes les jouissances qu'elles peuvent procurer. Aussi est-il rationnel de conclure que , si les Africains nomades , peu soucieux de votre voisinage , vous cèdent le terrain , il leur sera toutefois bien difficile, pour ne pas dire impossible , de cesser toutes relations avec ceux qui habitent les villes : ceux-ci seront promptement familiarisés avec votre manière de vivre ; et, par suite de ces relations que vous favoriserez , les premiers deviendront désireux du bien-être dont ils verront jouir leurs frères, et emploieront tous les moyens en leur puissance d'en avoir leur part.

Ainsi , petit à petit, les hordes nomades se rapprochent de vous, si le même besoin de bien-être vous les attire ; avec de la sagesse vous pouvez leur donner des institutions homogènes qui , par la suite , vous les identifient et les incorporent à votre nationalité. Voilà le but que vous devez atteindre, voilà le seul résultat digne de la grande nation ! Que d'autres , dans un intérêt de stupide avarice, fassent ployer des régions entières sous un joug de fer ; à la France appartient de faire bénir les chaînes qu'elle impose , et par la noblesse de ses triomphes, et par les bienfaits dont elle accable les vaincus.

Ainsi, une nation guerrière, mais amie, mais attachée à ce sol où elle reçut la vie, et que vous lui aurez appris à aimer, entourera vos possessions, leur servira de boulevard. Et n'ayez pas de crainte : la fidélité basée sur la reconnaissance est autre que la soumission imposée par la terreur.— Qu'un ennemi puissant tracasse l'Angleterre dans ses possessions de l'Inde, ne trouvant aucune sympathie chez les peuples qui gémissent sous son despotisme, le premier échec doit faire crouler sa puissance prodigieuse.—Qu'il en vienne un vous inquiéter dans votre province africaine : il n'y trouvera que des Français: cent peuples réunis en un seul viendront en revendiquer le titre, et seront heureux de le conquérir dans un baptême de sang.

Si une sage colonisation doit nous assurer la tranquille possession de la régence ; si son littoral doit nous donner une prépondérance incontestable dans la Méditerranée, il est, selon nous, un point auquel le gouvernement doit, avant tout, donner la plus scrupuleuse attention ; son importance nous semble telle que l'avenir de la colonie doit en dépendre : nous voulons parler des diverses stations pouvant favoriser ou entraver nos expéditions. Ne devant rien négliger de ce qui peut faciliter l'exécution de notre plan, nous signalerons les obstacles qu'elle doit craindre, et les moyens de les surmonter.

Entre la Sardaigne, à l'est, et l'île de Minorque, à l'ouest, doivent passer nos navires se rendant en ligne directe de nos ports de France en Algérie. Ces deux îles se trouvent à une distance des deux continents à peu près égale à celle qui les sépare l'une de l'autre. Dans une de ces raffales si communes dans la Méditerranée, on doit y trouver un abri protecteur. Admettez le cas d'une guerre européenne, et certes, si nous n'avons aucun motif de la croire prochaine, assez de ferments de discorde existent de toutes parts qui nous autorisent à prévoir sa possibilité : dans la conflagration, l'Espagne et la Sardaigne seront-elles pour nous, seront-elles contre nous? Entre mille raisons, il en est une qui doit nous faire pressentir leur hostilité.

En effet, les intérêts de l'Angleterre étant diamétralement opposés aux nôtres, nous la trouverons toujours dans les rangs de nos ennemis. Si elle ne peut nous attaquer sur notre territoire, elle ne manquera pas de nous inquiéter dans nos possessions. Nous en avons déjà maintes preuves ; et la prévoyance de sa diplomatie nous assure qu'à la première levée de bouclier, elle aura fait alliance avec l'Espagne et le Piémont, un pied sur la Sardaigne, un autre sur Minorque. Dans cette situation, Ceuta et Gibraltar interceptant l'entrée du détroit, les flottes anglaises en croisière permanente devant le port de Toulon, avec des relâches à droite et à gauche, que deviendra votre colonie? S'il lui est possible, par le nombre et la valeur de ses troupes et de ses habitants, de résister à une invasion, sa ruine n'en sera pas moins certaine, par l'impossibilité où vous serez de lui continuer vos secours, qui lui seront encore long-temps nécessaires. Et, par suite, le sang que vous avez versé, les avances que vous aurez faites, n'auront abouti qu'à ce seul résultat, d'augmenter la morgue et la puissance de vos or-

gueilleux rivaux, de voir votre pavillon s'abaisser humble-
ment devant le pavillon anglais.

Le devoir du gouvernement est de tout faire pour nous
éviter cet opprobre, pour paralyser le mauvais vouloir de
nos ennemis naturels, comme de ceux que les circonstances
pourraient faire surgir ; l'aider dans l'accomplissement
de ce dessein, est celui d'un homme ami de son pays.
C'est à ce titre et dans cette vue que nous lui offrons notre
coopération ; et, quelque faible qu'elle puisse être, nous
trouverons le dédommagement de notre insuffisance dans le
motif qui nous guide, dans la satisfaction d'un rêve heureux.

L'Espagne, livrée à elle-même, se trouve dans l'alterna-
tive de ne savoir auquel des deux principes contendants
elle appartiendra : si elle se conservera catholique avec la
légitimité, si elle deviendra radicalement révolutionnaire
sous l'influence démocratique. Peut-être une intervention
eût-elle tranché la question, dans le principe. — Aujourd'hui
elle est impossible. —Elle mènerait à la guerre générale,
que les cabinets n'osent pas envisager. Mais l'Espagne doit,
et doit beaucoup à la France ; et du triomphe de l'un des
deux partis serait loin de résulter l'extinction de sa dette.
Or, il fut du droit commun, chez tous les peuples connus,
de se compenser en nature, quand il n'y avait pas d'autre
moyen de se couvrir de ses avances. Si les individus expro-
prient les débiteurs insolvables, les nations cèdent des villes,
des provinces, quand elles n'ont pas la possibilité de se libérer en espèces. — Quand l'Espagne nous paiera-t-elle ?
Comment pourra-t-elle le faire ? Pour résoudre ces questions,
il faudrait d'abord connaître le terme de la guerre qui la dé-
chire, puis savoir les ressources immédiates qu'elle pourra se
créer (1). Et, nous le demandons, qui peut lire dans l'avenir ?
—Mais, nous, préjugeant d'après les faits accomplis, nous
dirons : La guerre de l'indépendance, qui a fait sortir la
majeure partie du numéraire existant dans la Péninsule ;
la perte de ses colonies, qui a fait cesser l'arrivage à Cadix
des gallions de la Plata, et par conséquent ruiné son commerce, où elle eût pu, dans la suite, puiser encore un motif de prospérité ; enfin, l'anarchie qui la désole depuis si
long-temps, qui, d'après le caractère espagnol, n'aura de
terme qu'avec l'extermination d'un des partis dissidents,
dont le résultat le plus réel sera de combler la misère

---

(1) Ces lignes étaient écrites avant l'entrée de don Carlos en France

publique : d'après tous ces motifs , l'Espagne est à jamais incapable de satisfaire à ce qu'elle nous doit. Et, dès aujourd'hui, s'il ne prend ses précautions , notre gouvernement peut mettre la dette d'Espagne à néant.

Si tout démontre l'impossibilité matérielle où est l'Espagne de se libérer en numéraire, il n'en est pas moins équitable que nous ne perdions pas nos avances. — Or, vous pouvez proposer à son gouvernement un mode de remboursement que la loyauté castillane devra accueillir.—Minorque est , des îles Baléares, la plus éloignée de la Péninsule , la plus à portée de nos côtes : celle dont la conservation lui importe le moins , dont la possession nous serait la plus avantageuse pour la surveillance de nos intérêts dans l'Algérie. Que de sages négociations s'ouvrent pour obtenir la propriété de ce poste : établissez un système de compensation sur les bases les plus larges ; ne balancez pas à faire des concessions pécuniaires ; changez les rôles, s'il le faut, et de créanciers devenez débiteurs. Ne craignez pas d'être désavoués par la France. L'Algérie est une conquête nationale ; et les sacrifices qui devront nous en perpétuer la conservation nous paraîtront légers , en faveur du motif qui les aura imposés , de la sécurité qui en résultera. Quant aux craintes d'entraves étrangères, vous ne devez pas en concevoir. Avec une attitude imposante, vous obtiendrez du gouvernement espagnol le prompt accomplissement d'un acte de justice. Quant à l'Angleterre, qui seule pourrait, dans un esprit de jalouse rivalité, y trouver à redire : eh bien ! vous lui rappelleriez Gibraltar , le Passage, Aden , etc.

———

II.

Mode de colonisation.

On a pu voir, par ce qui précède, que l'organisation de notre colonie sera toute militaire. Ainsi, chaque individu voulant en faire partie devra se persuader qu'il s'incorpore à une association, non-seulement dans la vue d'y trouver son intérêt particulier ; mais encore avec l'obligation de concourir à la défense générale. Par conséquent, les colons seront armés.

Une portion de terrain sera concédée à chaque colon. Celui-ci prendra l'engagement de la cultiver pendant dix ans. A l'expiration de ce terme, il sera propriétaire. Si, pour une cause quelconque, il abandonnait la colonie avant l'expiration de ce terme, ses droits de propriété seraient perdus et retourneraient à l'état, qui devrait les transmettre immédiatement à un nouveau colon. Dans le cas de mort, les enfants hériteraient. — A leur défaut, la veuve se remariant transmettrait la propriété. — Restant dans l'état de veuvage, elle jouirait jusqu'à sa mort ; alors l'état posséderait. — Dans le cas où le colon mourrait célibataire avant l'expiration du bail, un membre de sa famille se présentant pour continuer l'exploitation, aux mêmes conditions de temps et de propriété, aurait la préférence. La propriété serait acquise à la famille de tout célibataire mort après les dix ans exigés pour entrer en possession.

Les premiers travaux à exécuter par les colons seront ceux de clôture, de défense, de construction d'habitations. Une saison au moins sera employée à cet effet; et il ne sera possible de mettre les terres en rapport qu'à la seconde. En conséquence, l'état devra fournir aux besoins de deux années, sinon de trois. Notre mode étant progressif, le chiffre de cette dépense ne doit pas effrayer : peu sensible d'abord, avant long-temps il se réduira à rien.

Nous diviserons le territoire de la colonie en généralités, légions, commanderies, centuries.

Alger, Mascara, Titeri, Constantine, pourront être, dans le principe, chefs-lieux de quatre généralités. Autour de ces villes, s'établiront les légions et les commanderies.

La légion sera formée de trois commanderies, composées chacune de huit centuries. La centurie aurait un centurion ou capitaine, deux lieutenants, six sous-officiers, un tambour, un clairon, et cent hommes de troupe; en tout cent onze hommes.

L'état-major de la commanderie serait ainsi composé: un commandant, un adjudant-major, un adjudant. — Un sous-intendant surveillerait la répartition des prestations faites à la commanderie, de même que, plus tard, il opèrera la rentrée des portions de récoltes afférentes au gouvernement, en remboursement des avances faites, ainsi que celles des impôts qui seront établis.

L'administration civile sera dirigée par un maire. — Les

contestations jugées par un juge-de-paix. — Le culte public exercé par un curé et un vicaire. — La santé soignée
par un médecin. — L'instruction dirigée par deux profes-
seurs pour les garçons, par trois sœurs de la charité pour
les filles. Celles-ci auront en même temps le soin de l'infirmerie; et, à cet effet, on leur adjoindra deux infir-
miers.

En conséquence de cette répartition, la commanderie
aura un effectif de 905 personnes. Admettez que chaque
individu, l'un dans l'autre, reçoive par an, en prestations
autres que l'armement (existant dans les arsenaux) la
somme de 600 francs, et qu'il faille les continuer trois
ans, ce qui est possible, vous aurez dépensé 1,629,000 fr.

Et si vous vouliez coloniser simultanément dans toutes les
généralités, en établissant une commanderie dans chacune,
vous devriez prévoir une avance de 6,516,000 francs, ou
2,172,000 fr. par an. D'après cet aperçu, on voit que la
dépense n'est pas disproportionnée à nos moyens. D'ail-
leurs, le chiffre que nous avons établi de prime-abord pour
chaque individu est forcé ; et nous sommes persuadés que
la somme de 450 fr. par an suffirait à couvrir les besoins
de chaque colon. Mais, comme les emplois supérieurs, le
culte, l'administration, les familles mêmes du colon, oc-
casionneront un surcroît de dépenses, nous avons cru devoir présenter le chiffre de 600 fr. comme devant suffire
à tout.

Ainsi, les colons pourront être mariés et avoir de la famille. En attendant que des habitations soient construites,
que les propriétés soient mises en état de défense, des
dépôts seront organisés dans les villes, chefs-lieux de généralités, où les femmes et les enfants pourront être uti-
lisés, d'une manière avantageuse, aux travaux de lingerie
et d'habillement. Et, en dernière analyse, fallut-il une
augmentation de dépense, avec cent mille francs à chaque
commanderie, il y aurait de quoi nourrir bien des femmes
et bien des enfants.

Ayant indiqué les premiers besoins de la colonie et les
moyens d'y subvenir, il nous reste à établir son assiette.
Nous détaillerons celle d'une commanderie, et le même
procédé pourra être appliqué à toutes, sauf les modifica-
tions que les diverses positions locales imposeraient (1).

____

(1) Voir à la fin le plan des commanderies et du camp.

Nous concevons l'établissement d'une commanderie sur le plan d'un grand camp retranché et fortifié. Ainsi, elle aura son fossé d'enceinte et ses ouvrages avancés qui la mettront à l'abri d'insultes. A cet effet, et pour éviter beaucoup de travail, nous estimons qu'il est à propos, dans chaque généralité, d'asseoir la première commanderie un de ses côtés appuyé sur une rivière. Cette disposition aurait, outre l'avantage pour la défense, de pouvoir détourner l'eau dans le fossé autour de la commanderie, celui encore d'y faciliter les arrivages.

Ainsi, les rivières principales sont : le *Chelif*, qui se jette dans la mer, à l'est et près de Mostaganem, après une course d'environ cent lieues; l'*Isser*, se perdant entre Alger et Déllys et parcourant de trente à quarante lieues; le *Seybous*, qui baigne Bone et parcourt à peu près le même espace; l'*Adouse*, qui se perd devant Bougie après un cours de cinquante lieues ; le *Rumel*, qui passe à Constantine, et parcourt trente lieues ; enfin la grande rivière *Ouad-Djidi*. Cette dernière, pour le moment, est la moins intéressante, vu son éloignement. Elle coule au-delà de l'Atlas Djebel-Ammer, dans un vaste et fertile bassin, entouré de hautes montagnes ; parcourt soixante - dix lieues, et se jette dans le Melgigg, lac marécageux et salé, sans écoulement, de dix lieues de long, sur sept à huit de large.

Le cours de ces rivières est en général du midi au nord.

Pour avoir un point de départ fixe, nous prendrons le *Chelif*, comme étant la rivière la plus considérable, et nous supposerons notre première commanderie assise sur sa rive orientale. Toutefois, ne pouvant travailler d'ici que par hypothèse, nous ferons observer qu'on ne doit pas prendre nos chiffres comme fondamentaux, mais seulement comme induction de ce qui se peut faire.

De la rive droite du *Chelif*, tirant deux lignes parallèles vers l'est, à 2500 mètres de distance l'une de l'autre ; que leur longueur soit de cette même somme, de manière à former un carré parfait, et vous aurez enfermé une superficie de 6250 hectares. — Nous diviserons la commanderie de cette manière: quatre centuries vers l'est (dont deux au midi et deux au nord) et quatre vers l'ouest. A chacune, nous assignons une contenance égale de 600 hectares, et il nous reste 1450 hectares de disponibles. Nous en employons une partie à un vaste emplacement séparant les centuries du nord de celles du midi, et aboutissant vers l'ouest à la rivière, vers l'est à la seule issue de terre qu'aura la commanderie. Le reste du terrain disponible séparera les quatre centuries de l'est de celles de l'ouest; en sorte qu'il n'y aura que deux centuries dans un voisinage immédiat. Dans ce terrain seront prises les propriétés affectées aux établissements publics; le surplus sera commun à tous les habitants. Ces deux terrains, se coupant à angle droit, laisseront au centre un intervalle considérable. Là, nous placerons : 1.º l'église ; 2.º au midi, la cure et l'école des garçons ; 3.º la commanderie et ses dépendances ; 4.º le magasin d'armes et d'outils ; 5.º au nord, l'infirmerie et l'école des filles ; 6.º la mairie et la justice de paix ; 7.º les magasins de l'état et l'intendance ; 8.º le cimetière, derrière le chœur de l'église, ou dans tout autre lieu jugé plus convenable.

En établissant dans chaque centurie la propriété individuelle à cinq hectares, vous en donneriez 555 à 111 hommes. Quarante-cinq resteraient; vous en joindriez trois à la propriété centurienne et deux à chacune des lieutenances. Sur l'emplacement des 38 restantes, les colons bâtiraient leurs habitations, de manière à avoir un jardin, à pouvoir construire, par la suite, les ménageries nécessaires et à conserver une place publique assez spacieuse.

Dès la deuxième récolte, un cinquième du produit net sera remis par chaque colon, en nature, au sous-intendant, qui le fera transporter sur la place de marché la plus voisine, pour être vendue aux enchères, et le produit versé au trésor, en à-compte de remboursement. A l'expiration des dix ans, les impôts seront perçus d'après le mode établi en France; si ce n'est la contribution des patentes, qui pourra être établie de suite, ainsi que la taxe sur les boissons autres que celles introduites dans la commanderie, pour être distribuée à la population à titre d'avances (1).

En conséquence, tout industriel qui voudrait, en dehors de la colonisation militaire, former un établissement, pourra y être autorisé et recevoir la concession de terre qui lui sera nécessaire, sous la protection de la commanderie. Il devra contribuer à la défense générale; mais ne pourra

____

(1) Cet impôt pourra être frappé aussitôt que la commanderie, n'ayant plus besoin des subsides de l'état, s'approvisionnera elle-même.

point remplir de fonctions supérieures dans l'administration, qui devra rester exclusivement intérieure.

Les administrateurs religieux, civils et militaires ne pou-vant par eux-mêmes cultiver les terres assignées à leurs grades, pourront avoir un ou plusieurs domestiques, à leurs frais, lesquels ne compteront en aucune manière comme appartenant à la commanderie ; à moins qu'après dix ans de séjour constant ils ne puissent devenir acquéreurs, et par là véritables colons. — Toutefois, ils seront aptes à con-courir au contingent d'une nouvelle commanderie.

La commanderie s'administrera elle-même pour ses affai-res particulières ; quant au civil, elle ressortira de la gé-néralité pour tous les cas ayant trait à la politique de la colonie, n'importe les circonstances qui pourraient se présenter.

Un conseil municipal sera formé du maire, de deux ad-joints, d'un conseiller par centurie (ces fonctions seront électives) ; le commandant pour la partie militaire, le sous-intendant pour le contentieux, en feront partie de droit. Les fonctions religieuses, celles de justice de paix seront incompatibles.

Les affaires du culte ressortiront de l'évêque.

L'administration militaire suivra la marche générale de l'armée d'occupation et ressortira de la légion et de la généralité. Les officiers, dans chaque commanderie, diri-geront l'instruction militaire, qui devra être de rigueur ; prendront sous leur responsabilité toutes les mesures de sûreté que des circonstances particulières pourraient exi-ger. A cet effet, on formera un conseil composé du com-mandant, président ; de tous les capitaines, du sous-inten-dant, rapporteur ; de l'adjudant-major, greffier. Hors du service, les officiers rentreront dans la classe des citoyens.

A l'occasion d'une attaque sérieuse, la commanderie pourrait être obligée d'envoyer jusqu'à 500 hommes sou-tenir les troupes d'occupation. Alors, tout ce qui resterait d'hommes, jusqu'aux domestiques, serait astreint au ser-vice de sûreté.

Le sous-intendant, outre la rentrée du cinquième des produits, opèrera encore celle des impôts, jusqu'à ce qu'é-tabli dans toute leur latitude, la perception en soit ré-gularisée.

Dans le principe de la colonisation, les officiers envoyés par l'état pour occuper les postes de centurions et de lieutenants, deviendront propriétaires comme les autres, mais seulement de la portion concédée à chaque colon. L'augmentation de terrain ne sera possédée par le titulaire qu'à titre d'usufruit, et demeurera propriété de l'emploi qui, dès la première extinction, deviendra électif. En conséquence, à la mort d'un de ses chefs, la centurie choisira son successeur, mais devra l'élire dans le poste immédiatement au-dessous, afin que l'avancement soit toujours progressif.

La même disposition étant adoptée à l'égard du commandant, toute la commanderie concourrait à l'élire parmi les capitaines.

Ainsi, les emplois de sous-intendant et de juge-de-paix seraient seuls à la nomination directe du gouvernement.

Tout nouveau colon, par succession ou par acquisition, ne pourrait aspirer aux derniers emplois, avant quatre ans de résidence, être électeur avant deux ans.

Avant l'expiration des dix premières années de séjour, tout officier quittant la commanderie pour une cause quelconque, perdrait, de même que les autres colons, tout droit de propriété.

La disposition élective que nous indiquons est indispensable. Les premiers officiers envoyés auront ou pourront avoir de la famille. La concession qu'on leur fera leur sera d'abord onéreuse comme aux autres colons; aussi auront-ils le même droit à la possession, à la transmission. Qu'à la mort d'un chef un nouveau venu prenne sa place : il faut ou lui donner aussi sa propriété, et vous frustrez la famille, ou ne pas lui en donner d'autre que celle attachée à l'emploi; ce qui est, en quelque sorte, l'obliger à tirer parti de sa position pour se procurer une augmentation de bien-être à laquelle il croit avoir droit, et nul doute que, toutes les charges ainsi occupées, l'intérêt personnel mis à la place de l'intérêt général, la colonie sera administrée de telle sorte que sa ruine sera bientôt consommée.

Et, qu'on y fasse attention, cette mesure ne restreint en rien la faculté qu'aurait le pouvoir d'offrir aux officiers de l'armée qui voudraient en profiter, une honorable augmentation de retraite. Avant que l'Afrique soit colonisée en son entier, il aura les moyens de satisfaire à toutes les demandes qui lui seront faites.

La commanderie doit veiller à sa défense; mais, livrée

à ses seules forces, elle deviendrait indubitablement la proie des Arabes. C'est dans un but de sécurité que nous voulons la ceindre d'un fossé garni d'un retranchement intérieur ; que nous la plaçons sur le bord d'une rivière qui lui permette de s'entourer d'eau. Et comme encore ces moyens seraient insuffisants dans une lutte prolongée contre un ennemi nombreux, il sera indispensable qu'elle soit protégée d'une manière efficace par la présence de l'armée d'occupation, soit qu'elle se trouve placée à proximité d'une ville de garnison, ou qu'à une certaine distance de tout secours permanent, un camp extérieur soit établi sur l'un de ses confins, au point le plus accessible, et la mette à l'abri de toute insulte sérieuse. Plus tard, quand plusieurs commanderies pourront se porter une aide réciproque, les motifs de crainte diminuant en proportion de l'augmentation du nombre des défenseurs, le rôle de l'armée finira par devenir nul, si on ne l'emploie à étendre les frontières de la province jusque dans le pays de Zab, au sud de Constantine et sur les confins du désert.

Le camp extérieur dont nous venons de parler serait placé sur le prolongement oriental du côté sud de la commanderie, à une distance de 1250 mètres et à 500 mètres en dehors de cette ligne. — Il s'ensuivrait que, établissant une autre commanderie à pareille distance de la perpendiculaire, toujours vers l'est, ce camp les défendrait également, et qu'il resterait entre un espace égal à l'une d'elles.

La garnison du camp serait de deux bataillons d'infanterie, un escadron de cavalerie, une compagnie d'artillerie. Dans chaque commanderie une centurie serait exercée à la manœuvre du canon.

La deuxième commanderie établie entre elle et la première serait, ainsi que nous l'avons dit, placée la troisième. Alors la légion serait formée. Le chef de légion établirait son quartier dans le camp, dont la garnison serait réduite d'un bataillon. Deux fossés revêtus de terrassements, tirés en diagonales, des angles nord du camp aux angles sud-est et sud-ouest des premières commanderies, en renfermant un terrain suffisant pour les concessions à faire à un état-major peu nombreux, complèteront les travaux de défense de la légion.

Entre les deux prolongements, vers l'est et vers l'ouest de la ligne de clôture nord du camp et la clôture sud des deux premières commanderies, resterait encore un intervalle vide assez considérable. Suivant l'opportunité, on pourrait y établir des centuries de cavalerie, formant, au besoin, une commanderie, et ayant leur centre au camp.

Tel est notre système. Si l'on nous reproche qu'il ne soit praticable que dans la plaine, nous répondrons, qu'étant surtout agricole, nous avons dû choisir le plan sur lequel on pouvait opérer avec le moins d'entraves et le plus de succès. La plaine réunissant ces avantages, nous lui avons donné la préférence. Plus tard, se rapprochant des chaînes éparses de l'Atlas, la colonie s'y appuiera, y trouvera un moyen de défense, en même temps que de nouvelles sources de prospérité. Dans tous les cas, si notre système était capable de conduire à une bonne colonisation de la plaine algérienne, en la mettant à l'abri de toute insulte, ce résultat serait assez profitable à notre pays, pour nous procurer une satisfaction qui serait la récompense la plus douce de nos labeurs.

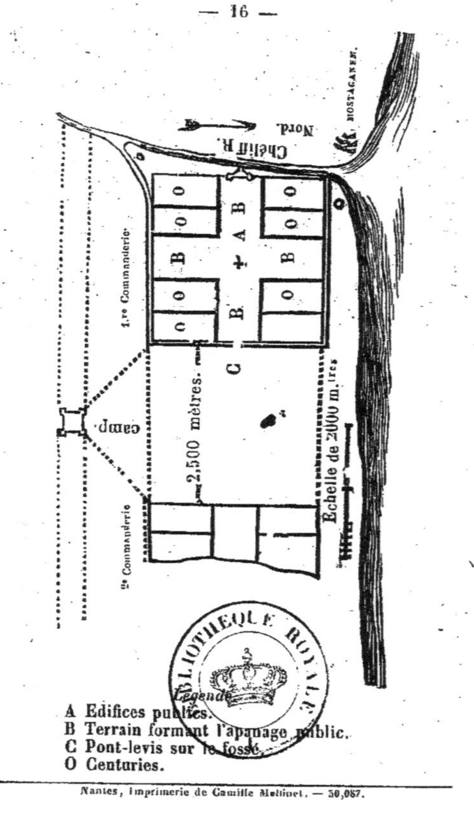

A Edifices publics.
B Terrain formant l'apanage public.
C Pont-levis sur le fossé.
O Centuries.

Nantes, Imprimerie de Camille Mellinet. — 50,087.

9 782329 141145